BEI GRIN MACHT SICH IHR WISSEN BEZAHLT

- Wir veröffentlichen Ihre Hausarbeit, Bachelor- und Masterarbeit

- Ihr eigenes eBook und Buch - weltweit in allen wichtigen Shops

- Verdienen Sie an jedem Verkauf

Jetzt bei www.GRIN.com hochladen und kostenlos publizieren

Bibliografische Information der Deutschen Nationalbibliothek:

Die Deutsche Bibliothek verzeichnet diese Publikation in der Deutschen Nationalbibliografie; detaillierte bibliografische Daten sind im Internet über http://dnb.d-nb.de/ abrufbar.

Dieses Werk sowie alle darin enthaltenen einzelnen Beiträge und Abbildungen sind urheberrechtlich geschützt. Jede Verwertung, die nicht ausdrücklich vom Urheberrechtsschutz zugelassen ist, bedarf der vorherigen Zustimmung des Verlages. Das gilt insbesondere für Vervielfältigungen, Bearbeitungen, Übersetzungen, Mikroverfilmungen, Auswertungen durch Datenbanken und für die Einspeicherung und Verarbeitung in elektronische Systeme. Alle Rechte, auch die des auszugsweisen Nachdrucks, der fotomechanischen Wiedergabe (einschließlich Mikrokopie) sowie der Auswertung durch Datenbanken oder ähnliche Einrichtungen, vorbehalten.

Impressum:

Copyright © 2017 GRIN Verlag, Open Publishing GmbH
Druck und Bindung: Books on Demand GmbH, Norderstedt Germany
ISBN: 9783668467088

Dieses Buch bei GRIN:

http://www.grin.com/de/e-book/368385/wie-politisch-ist-die-heilige-johanna-der-schlachthoefe-einfluesse-und

Anonym

Wie politisch ist die "heilige Johanna der Schlachthöfe"? Einflüsse und Intentionen hinter Brechts epischem Theaterstück

GRIN Verlag

GRIN - Your knowledge has value

Der GRIN Verlag publiziert seit 1998 wissenschaftliche Arbeiten von Studenten, Hochschullehrern und anderen Akademikern als eBook und gedrucktes Buch. Die Verlagswebsite www.grin.com ist die ideale Plattform zur Veröffentlichung von Hausarbeiten, Abschlussarbeiten, wissenschaftlichen Aufsätzen, Dissertationen und Fachbüchern.

Besuchen Sie uns im Internet:

http://www.grin.com/

http://www.facebook.com/grincom

http://www.twitter.com/grin_com

Ludwig-Maximilians-Universität München
Institut für deutsche Philologie
Wintersemester 2016/17
Proseminar: Brecht und die Ökonomie

Wie politisch ist die heilige Johanna der Schlachthöfe?

Hausarbeit

vorgelegt am 31.03.2017

Inhalt

1. Einleitung	3
2. Einflüsse und Entstehungsgeschichte	4
2.1 Börsen, Marx & Wirtschaftskrise	4
2.2 Eine neue Form des Theaters	5
2.3 Literarische Vorlagen	5
3. Inhalt und Aufbau	6
3.1 Die Handlung	6
3.2 Speziell: Die Wirtschaftshandlung	9
3.3 Logische Schwächen	10
4. Der Erkenntnisweg der Johanna	11
4.1 Johanna Dark und Jeanne d'Arc	11
4.2 Drei Gänge in die Tiefe	13
5. Mauler, König der Raubtiere	15
5.1 Wie viel Menschlichkeit steckt in Mauler?	15
5.2 Mauler und der Regen: Wer trägt die Verantwortung?	16
6. Spuren von Marx	17
6.1 Corner und marxistisches Krisenmodell	17
6.2 Religion als "Opium des Volkes"	17
6.3 Kapitalismus als Gewaltherrschaft der Ausbeutung	18
7. Ideologie als Fundament und Propaganda	19
Literatur	21

1. Einleitung

In einer Sendung von 2001 über Bertolt Brecht als Mensch und Künstler brachte der Literaturkritiker Marcel Reich-Ranicki seine Meinung zum Ausdruck, dass Brecht ein an sich unpolitischer Mensch gewesen sei. Brecht habe Politisches und Ideologie lediglich als Fundament für seine Stücke benötigt.

Leider wird diese Behauptung nicht ausführlich begründet und deshalb wird sie nicht zum zentralen Thema dieser Arbeit werden. Und doch gab diese Aussage Reich-Ranickis den Anstoß für die bearbeitete Fragestellung: Wie politisch ist die heilige Johanna der Schlachthöfe? Eine Frage, die ich mir sonst nicht gestellt hätte, weil sie auf den ersten Blick obsolet erscheint. Die *Johanna* gilt immerhin als erstes großes Lehrstück Brechts und hat deutlich gesellschaftskritische Züge - was also soll daran nicht politisch sein?

Doch zunächst zum Stück an sich. Die heilige Johanna der Schlachthöfe entstand grob in den Jahren 1926 bis 1938, intensiv vor allem in den Jahren von 1928/29 bis 1931/32 (vgl. Ketelsen 1984, S. 109). Sie ist, wie sich noch zeigen wird, das Ergebnis verschiedener Interessen Brechts, zu denen er im Vorfeld Nachforschungen angestellt hatte. Zur Uraufführung kam es jedoch erst nach seinem Tod, nämlich am 30. April 1959 am Hamburger Schauspielhaus.

Im Folgenden wird zunächst einmal die Entstehungsgeschichte (2.) des Stücks beleuchtet. Das ist in diesem Fall besonders wichtig, weil sie ein Potpourri an ideologischen, literarischen und weltgeschichtlichen Einflüssen eröffnet, was bei der Einschätzung des Werks von großem Nutzen sein wird. Sodann folgt eine kurze Zusammenfassung des Inhalts (3.) mit besonderem Fokus auf der Wirtschaftshandlung und einer kurzen Erwähnung verschiedener logischer Schwächen im Handlungsaufbau.

Als nächstes werden die beiden Hauptfiguren Johanna (4.) und Mauler (5.) genauer unter die Lupe genommen. Dabei geht es vor allem darum, ein klares Bild von den Figuren zu bekommen, die durchaus vielschichtig angelegt sind. Zuletzt darf eine genauere Untersuchung der Einflüsse durch die Schriften von Karl Marx (6.) nicht fehlen, denn sie sind auffällig und für eine Einschätzung der politischen Bedeutung des Stücks natürlich sehr wichtig.

Im Abschluss (7.) werden dann die gesammelten Erkenntnisse auf die Leitfrage bezogen: Wie politisch ist die heilige Johanna der Schlachthöfe?

2. Einflüsse und Entstehungsgeschichte

2.1 Börsen, Marx & Wirtschaftskrise

Die heilige Johanna der Schlachthöfe war nicht Brechts erster Versuch, die Börse auf die Bühne zu bringen. Er hatte sich bereits vorher, nämlich bei der Ausarbeitung des nie fertiggestellten Stückes *Jae Fleischhacker in Chicago* eingehend in die Funktionsweise der Chicagoer Getreide-Börse eingearbeitet. Allerdings ohne je ein wirkliches Verständnis der Vorgänge und Mechanismen der Börse zu erlangen, wie Brecht selbst 1926 festhält. Stattdessen habe er begonnen, Marx zu lesen (vgl. Knopf 1985, S. 5).

Eine Aussage, die der Brecht-Experte Klaus-Detlev Müller als Ironisierung Brechts wertet. Müller unterstellt mit guten Gründen, dass Brecht sehr wohl die Börse verstanden habe, denn ohne diese hätte Brecht nicht an Stücken wie etwa *Dan Drew* arbeiten können. Der wahre Grund, warum Brecht die Arbeit an *Jae Fleischhacker* abbrach, ist laut Müller das größere Interesse Brechts an der stattfindenden Urbanisierung als Bühnenstoff (vgl. Müller 2009, S.102/103). Brecht hat sicherlich zu dieser Zeit Marx gelesen, doch ein politisch überzeugter Marxist ist er deshalb wohl nicht geworden.

Ein weiteres prägendes Erlebnis für Brecht in dieser Zeit war die Weltwirtschaftskrise von 1929. Hier bewahrheitet sich für Brecht die marxistische Krisentheorie. Müller schreibt:

> "Damit verändert sich das zunächst theoretische Interesse an ökonomischen Vorgängen zu einer ganzheitlichen Sicht gesellschaftlicher Zusammenhänge: Die Krise wird zum exponierten Ort für die Erfahrung und Darstellung von Widersprüchen, die eine gesellschaftsverändernde Praxis zugleich möglich und notwendig erscheinen lassen." (Müller 2009, S. 103).

Nun erweist sich Marx also nicht nur als interessanter Theoretiker, sondern bietet Brecht eine Erklärung für reale gesellschaftliche Vorgänge. Und mit der Krise ist zumindest inhaltlich ein Weg gefunden, die Börse bühnenreif zu machen.

2.2 Eine neue Form des Theaters

Ein Vierteljahrhundert vor Müller äußert Jan Knopf ebenfalls schon gewisse Vorbehalte gegenüber der von Brecht so plakativ für sich beanspruchten Marx-Lektüre. Er misst ihr wenig Bedeutung in politisch-ideologischer Sicht bei. Dafür sieht er sie als grundlegend für die Entwicklung einer neuen Form des Theaters an, nämlich dem epischen Theater. Denn bei Marx habe Brecht endlich die ihm vorschwebende analytische Tiefe gefunden:

> *"Ein neues Stadium ist erreicht, als Brecht nicht mehr nur die gesellschaftlichen Folgen, sozusagen die >>Phänomene<< des (kapitalistischen) Systems, sondern seine Bewegungsgesetze ergründen will."* (Knopf 1985, S. 6).

Brecht wird jedoch schnell klar, dass solche Zusammenhänge nicht mit den Mitteln des klassischen Dramas darstellbar sind. Uwe Ketelsen datiert als einer der Ersten an diesem Punkt den Grundstein des epischen Theaters (vgl. Ketelsen 1984, S. 110). Knopf formuliert wunderbar, wie der Wille zur Verarbeitung tieferer und komplexer Stoffe die neue Form des Theaters prägt:

> *"Nur diejenigen Darstellungsweisen können gewählt werden, die auch die Vorgänge in die Sichtbarkeit zwingen. Vorbei ist es dann mit dem >>Ausdruck der Persönlichkeit<<, vorbei auch mit der Unterordnung des >>Was<< unter das >>Wie<< der Darstellung."* (Knopf 1985, S. 6).

Damit stirbt auch die Idee, der Zuschauer habe sich mit einer Hauptfigur zu identifizieren, um mit ihr mitfühlen zu können. Stattdessen gewinnt das Zwischenmenschliche, das Intersubjektive an Bedeutung. Der Held einer Geschichte ist damit zwar nicht abgeschafft, aber grundlegend neu definiert. Und auch die Stoßrichtung, der "Zweck" des Theaters ändert sich, denn es geht nun um einen Erkenntnisprozess beim Zuschauer, weniger um dessen intellektuelle Zerstreuung. All diese Neuerungen fließen in die *Johanna*, als erstem großen Stück im Stil des epischen Theaters (vgl. Kuschel/Assmann, S. 164), mit ein.

2.3 Literarische Vorlagen

Doch Brecht hat auf dem Weg zur *Johanna* keineswegs nur Börsentheorie und Marx gelesen. Vollkommen unstrittig ist etwa der starke Einfluss von Upton Sinclairs Roman *The Jungle* von 1906, wo man unter anderem bereits die Schlachthaus-Thematik, das

Elend der Arbeiter, sowie konkret die Geschichte eines zu Büchsenfleisch verarbeiteten Schlachters finden kann (vgl. Ketelsen 1984, S. 111). Als ebenso wichtig gilt *The Pit* von Frank Norris aus dem Jahre 1903, deutscher Titel: *Die Getreidebörse* (vgl. Knopf 1985, S. 9). Hier finden sich Börsenspekulanten und auch bereits das sogenannte "Cornern", also jenes Börsen-Manöver, welches auch Mauler in der *Johanna* durchführt.

Weiterhin genannt wird Gustavus Myers *Geschichte der großen amerikanischen Vermögen* (1923), worin ausführlich die gleichermaßen geschickten, wie brutalen und rücksichtslosen Schachzüge berühmter amerikanischer Wirtschaftsmagnaten beschrieben werden (vgl. Ketelsen 1984, S. 111).

3. Inhalt und Aufbau

3.1 Die Handlung

Das Stück beginnt mit dem Fleischfabrikanten Pierpont Mauler, der einen Brief liest. Darin wird ihm von einigen "Freunden aus New York" (J 129) geraten, sich zunächst aus dem Fleischhandel herauszuhalten. Daraufhin verkauft er Cridle, seinem Geschäftspartner, seine Hälfte des gemeinsamen Unternehmens ein gutes Stück unter Börsenwert, weil er angeblich genug habe vom blutigen Fleischgeschäft. Cridle verlangt jedoch, dass zunächst der Konkurrent Lennox bankrott gehen müsse.

Die nächsten Szenen zeigen die folgende Schließung der Lennox Fleischfabrik, sowie Mauler (mit Leibwächtern) bei der Eröffnung eines von ihm gestifteten Hospitals. Nun bekommt Johanna ihren ersten Auftritt, bei dem sie gemeinsam mit den schwarzen Strohhüten (einer Art Heilsarmee) auf den Schlachthöfen den "Untersten" (J 133) von der Gnade Gottes im Jenseits predigt. Sie muss allerdings feststellen, dass, sobald die ausgegebene Suppe ausgelöffelt ist, die Arbeiter sich wieder abwenden. Während nun die Strohhüte zurück in ihr Quartier gehen, entschließt Johanna sich, der Ursache der Arbeitslosigkeit auf den Grund zu gehen. Sie wird an Mauler verwiesen.

Der nächste Abschnitt ist folgendermaßen betitelt: "Pierpont Mauler verspürt den Hauch einer anderen Welt" (J 140). Er beginnt damit, dass Mauler von Cridle die Einlösung seines Kaufvertrags fordert. Jedoch sind inzwischen die Preise so sehr gefallen, dass Cridle durch den Handel zu den alten Preisen in den Ruin gestürzt wird. Mauler nimmt das hin.

Nun tritt Johanna hinzu (1. Gang in die Tiefe) und stellt Mauler zur Rede. Dieser speist sie jedoch mit ein paar Almosen ab und weist seinen Makler Slift an, Johanna zu bestechen und ihr die Schlechtigkeit der Arbeiter zu zeigen.

Slift gibt sich nun alle Mühe, Johanna die menschlichen Abgründe zu zeigen, die sich auf den Schlachthöfen auftun (2. Gang in die Tiefe). Da gibt es Frau Luckerniddle, deren Mann versehentlich zu Blattspeck verarbeitet wurde und die sich mit drei Wochen Mittagessen in der Kantine zum Schweigen bringen lässt. Und es gibt Gloomb, der kürzlich erst selbst seinen Arm an einer gefährlichen Maschine verloren hat, doch für die Aussicht auf eine Beförderung nur allzu gern bereit ist, Johanna eben jenen gefährlichen Posten anzubieten. Doch Johanna lässt sich nicht beirren: "Nicht der Armen Schlechtigkeit / Hast du mir gezeigt, sondern / Der Armen Armut." (J 154).

Die Viehbörse unterdessen stockt, weil der Markt gesättigt ist. Außerdem geht Cridle an dem Vertrag mit Mauler bankrott. Nun taucht Johanna auf, predigt Nächstenliebe und präsentiert einige der völlig verelendeten Arbeiter. Daraufhin fällt Mauler in Ohnmacht. Weil er den Anblick des Elends nicht ertragen könne, erklärt er sich bereit, alle Fleischkonserven und die Produktion der nächsten 8 Wochen aufzukaufen, wenn man ihm nur die Armen aus den Augen schaffe. Die Viehbörse atmet auf, doch weil die Fleischfabrikanten dem Braten noch nicht trauen, kaufen sie noch kein Vieh bei den Viehzüchtern. Also wenden auch diese sich an Johanna mit der Bitte, bei Mauler ein gutes Wort für sie einzulegen.

In der folgenden Szene kommt wieder ein Brief zur Sprache, diesmal mit der Weisung, Fleisch zu kaufen, weil sich bald ein neuer Markt eröffne. Angeblich glaubt Mauler jedoch nicht daran und er bereut seinen Fehler, im Moment der Schwäche die umfassende Kaufzusage gemacht zu haben. Als nun aber Johanna und die Viehzüchter mit der Forderung nach einem Kauf ihres Viehs auftauchen, erkennt er seine Chance und kauft schlichtweg alles Vieh zum Tagespreis.

Die schwarzen Strohhüte haben sich in der Figur des Major Paulus Snyder an die übrigen Fleischfabrikanten gewandt, um von diesen finanziert zu werden. Im Gegenzug wollen sie die arbeitslosen Massen ruhig stellen und so für einen reibungslosen Ablauf der Produktion sorgen. Der anwesenden Johanna offenbart sich durch die Fleischfabrikanten, dass durch den Viehkauf von Mauler ihre gesamten Bemühungen zunichte gemacht wurden. Denn ohne Vieh können die Fabrikanten nicht produzieren und die Arbeiter bleiben ohne Arbeit. In ihrer Wut vertreibt Johanna "die Händler aus dem Tempel" (J 172). Doch weil nun die Finanzierung der Strohhüte dahin ist, wird sie selbst aus deren Reihen verbannt.

Mauler zieht nun die Schlinge zu, indem er Slift das Vieh auf der Börse zu Preisen anbieten lässt, die für die Fabrikanten letztlich ein Minusgeschäft bedeuten, weil sie ja an Mauler zu festgesetzten Preisen liefern müssen. Mauler wendet sich dann Johanna zu und überlässt Slift die Zügel an der Börse. Als Mauler den Raum verlässt, sprengt Slift bereits den von Mauler gesetzten Rahmen.

Mauler gibt Johanna zu essen und verspricht ihr, eigenhändig die schwarzen Strohhüte zu finanzieren. Er tut dies, weil laut ihm Wirtschaft (bzw. Kapitalismus) und Religion eine wunderbare Symbiose ergeben: Die eine verdient Geld, die andere sorgt für Ruhe und Gehorsamkeit der Arbeitenden. Johanna gibt an, sie wolle das gar nicht verstehen und werde ihrerseits mit den Armen auf den Schlachthöfen leben, bis sich endlich etwas verbessert.

Johannas 3. Gang in die Tiefe: Auf dem Schlachthof wird ihr die Ausweglosigkeit der Armut bewusst. In einem Traum hat sie die Vision von einem Marsch der Arbeiter nach Chicago - einer Art Revolution - mit ihr als Anführerin. Sie kommt mit Kommunisten und Arbeiterführern in Kontakt, die einen Generalstreik mit den Gas-, Wasser- und Stromwerken planen. Sie selbst bekommt eine Botschaft zur Übermittlung. Doch aus Angst vor Gewalt (bereits jetzt bringen Polizei und Militär auf den Schlachthöfen Schusswaffen zum Einsatz) behält sie die Botschaft für sich.

Währenddessen übertreibt es Slift an der Viehbörse und bringt das ganze System zum Einsturz: Alle gehen bankrott, niemand kauft mehr, egal zu welchem Preis. Mauler erfährt davon erst in der Zeitung: Er ist nun ebenfalls ruiniert.

Frisch verarmt und scheinbar fromm geworden macht er sich nun zum Quartier der Strohhüte auf, die gerade geräumt werden. Die anderen Fleischfabrikanten treten auf und erzählen, was genau sich an der Börse zugetragen hat: Nicht einmal die Nationalbank und die örtlichen Banken gemeinsam waren in der Lage, Slifts Gier etwas entgegenzuhalten. Die Viehhändler treten auf und verlangen die Auszahlung von Mauler, doch in seiner jetzigen Situation kann er nicht bezahlen. Alles scheint ausweglos.

Da erhält Mauler einen weiteren Brief, der ihm rät die Fleischmenge zu regulieren, um eine Stabilisierung der Preise zu erreichen. Da ohnehin alle Augen auf ihn gerichtet sind, schlägt er eine Lösung vor. Kurz: Ihm gehöre in der Zukunft die Hälfte aller Schlachthöfe, ein Drittel des Viehs werde verbrannt und zwei Drittel der Arbeiter zu zwei Dritteln des Lohnes wieder eingestellt. Durch ein so verknapptes Angebot gedenkt er, den Markt zu retten. Außerdem will er die Strohhüte finanzieren, damit diese für Ruhe und Ordnung sorgen. Das Angebot wird akzeptiert, Mauler sogar als Held gefeiert.

Johanna geht derweil vor die Hunde. Sie wird von Schuldgefühlen geplagt, weil wegen ihr offenbar der Generalstreik geplatzt ist. Außerdem ist sie an einer Lungenentzündung erkrankt. So entkräftet wird sie nun in das Quartier der Strohhüte getragen. Hier floriert das Geschäft dank der neuen Finanzierung und Slift macht den Vorschlag, sie zur Patronin der Schlachthöfe zu ernennen: Zur heiligen Johanna der Schlachthöfe. Sie versucht sich mit ihren schwindenden Kräften zu wehren und klagt über ihr Versagen, das Elend zu lindern. Ganz offen klagt sie eine Form des Glaubens an, die ihren Sinn im Vertrösten der Schwachen und so der Verlängerung ihres Elends sieht. Doch sie wird vom allgemeinen Jubel übertönt, stirbt letztlich und endet so als Patronin dessen, wogegen sie gekämpft hat.

Im Abgesang rechtfertigen die Schlächter und die Viehzüchter ihre Beweggründe. Sie sehen sich als Getriebene, ihrer Situation ausgeliefert. Mauler pocht auf seine zwei inneren Triebe. Den zur Menschlichkeit einerseits, den zur Geschäftemacherei andererseits.

3.2 Speziell: Die Wirtschaftshandlung

Die Handlung hat viele Schauplätze, Figuren und Handlungsstränge, sodass man schnell einen sehr zentralen Teil aus den Augen verliert: Die Wirtschaftshandlung. Ihr kommt aufgrund der Anlage des Stücks natürlich eine besondere Bedeutung zu. Deshalb wird sie hier, in Anlehnung an Jan Knopf (1985, S. 46) zusammenfassend dargestellt:

1. Es herrscht eine Absatzkrise, weil der Inlandsmarkt gesättigt ist. Der Exportmarkt bleibt noch verschlossen.
2. Mauler verkauft seine Anteile mit einem Marktwert von 12 Millionen für 10 Millionen an Cridle.
3. Cridle und Mauler sorgen mit Niedrigpreisen dafür, dass Lennox bankrott geht. Gleichzeitig verschärfen sie so die Absatzkrise und drücken den Wert der eigenen Anteile.
4. Mauler fordert die Einlösung des Kaufvertrags. Durch die niedrigen Kurse geht Cridle dadurch jedoch pleite.

5. Die Aussichten auf eine Öffnung des Exportmarktes steigen.
6. Mauler kauft sämtliches Büchsenfleisch, die zukünftige Produktion und sodann auch das gesamte Vieh.
7. Mauler verlangt die Lieferung des Büchsenfleisches und verkauft gleichzeitig das Vieh überteuert.
8. Slift übertreibt es beim Verkauf des Viehs mit den Preisen und bringt die Börse zum Einsturz.
9. Alle Fabriken werden zusammengelegt und unter Maulers Führung gestellt.
10. Die Drosselung des Angebots, der Arbeiterzahl und das Drücken der Löhne sorgen dafür, dass das System wieder funktioniert. Der Markt ist gerettet.

So formuliert wird klar, welchen ungeheuren Aufstieg Mauler wirtschaftlich erlebt und welche Rolle dabei die Briefe spielen.

3.3 Logische Schwächen

Die Handlung ist grundsätzlich nachvollziehbar, sonst wäre das Stück wohl kaum je aufgeführt worden. Und doch gibt es einige Punkte, die bei genauerem Hinsehen eigentlich wenig Sinn ergeben. Einige davon haben bereits die Autoren Kuschel und Assmann zusammengetragen (vgl. dies., 2011, S. 172/173):

- Das zufällig immer perfekte Timing der Briefe von Maulers Wallstreet-Freunden
- Die grobe Naivität der anderen Marktteilnehmer
- Die Tatsache, dass Mauler im Moment seines eigenen Niedergangs die Chance zum absoluten Aufstieg bis zum Monopolisten erhält
- Die Streikleitung, die einer Unbekannten einen offenbar entscheidenden Brief zur Überbringung zusteckt
- Mauler, der Slift im entscheidenden Moment seiner Operation alleine lässt

Weitere Ungereimtheiten oder zumindest Schwächen fallen dem aufmerksamen Leser gerade bei der Wirtschaftshandlung ins Auge:

- Cridle, der in seiner unendlichen Blauäugigkeit einen Niedrigpreis-Kurs gegen Lennox mitmacht, obwohl durch die entstehende Marktübersättigung ganz offensichtlich sein Deal mit Mauler zum Galgenstrick wird
- Der Fleischpreis, der sich am Ende - ganz ohne jeden Käufer - bei 30 fängt

Und dann muss noch eine sehr wesentliche Frage erlaubt sein, die einen wichtigen Teil des Stücks betrifft: Warum gilt Mauler als pleite, wenn ihm in diesem Moment die gesamten Fleischkonserven, das gesamte Vieh (wenn auch noch unbezahlt) und bereits alle Fabriken (durch Übereignung von den zugrunde gegangenen Konkurrenten) gehören und zudem die Arbeiter wohl bereit sind zu fast jedem Hungerlohn zu arbeiten? Die offensichtliche Antwort lautet: Weil der Markt am Boden ist und er offenbar große Schulden hat. Allerdings sprechen die Briefe davon, dass in Kürze die Exportzölle fallen werden. Dann hätte sich das Absatzproblem gelöst und Mauler wäre im Handumdrehen der alleinige Monopolist. Alles, was er vielleicht gebraucht hätte, ist ein Übergangskredit. Doch der scheint aus einem nicht näher bekannten Grund gar keine Option zu sein.

Man sollte all diese Punkte nicht überbewerten, denn sie zerstören nicht das Stück an sich. Sie schwächen es jedoch, indem sie stellenweise die Glaubwürdigkeit untergraben. Für ein solches Stück mit Lehrcharakter ist das umso schlimmer.

4. Der Erkenntnisweg der Johanna

4.1 Johanna Dark und Jeanne d'Arc

Jeanne d'Arc ist die offensichtlichste Vorlage für die Figur der Johanna, aber nicht die einzige. Denn so wie Johanna nach ihrem Tod eine neue Bedeutung erhält, ist auch die Jungfrau von Orleans seit ihrem Tod 1431 noch über sich hinausgewachsen. Sie wurde zu einer Art Nationalfigur Frankreichs, wurde nachträglich von einer Ketzerin zur Heiligen umgemodelt und fand auch mehrfach Eingang in die Literatur. Die bedeutendsten Werke darunter sind die Dramen von Friedrich Schiller (*Die Jungfrau von Orleans*, 1801) und von George Bernard Shaw (*Saint Joan*, 1923). Beide haben nachweislich Einfluss auf Brechts Johanna gehabt (vgl. Knopf 1985, S. 15-17). Doch diese literarische Verwandtschaft soll an dieser Stelle nicht erörtert werden, weil sie für die Beantwortung der Leitfrage keine große Rolle spielt.

Ganz anders die historische Vorlage: Sie war zwar zu Lebzeiten eher quasi-militärisch aktiv, jedoch schon zu dieser Zeit getrieben von der Idee der Befreiung ihres Landes Frankreich. Nach ihrem Tod nahm ihre politische Bedeutung als französische Nationalfigur sogar noch stark zu, ebenso ihr religiöser Stellenwert.

Jeanne d'Arc wurde 1412 in Lothringen geboren, wuchs in gepflegten Verhältnissen und sehr religiös geprägt auf. Später beginnt sie unter einem bestimmten Baum Stimmen zu hören, deutet diese als Engelsstimmen und zieht mit ihrem so gewonnen göttlichen Auftrag zur Befreiung Frankreichs los nach Orleans, wo sie scheinbar einen militärischen Befreiungsschlag in Bewegung setzt und mit ihrer Siegesgewissheit als Fahnenträgerin einen wohl entscheidenden Beitrag zum überraschenden Erfolg des Unterfangens hat. Von nun an gilt Jeanne als "Jungfrau von Orleans" und arbeitet fleissig weiter als Gallionsfigur für die Soldaten im Kampf gegen die Engländer. Leider fällt sie kurze Zeit später dem Feind in die Hände. Sie wird der Kirche ausgeliefert und die hält leider gar nicht viel von ihrem göttlichen Auftrag - kurzum: Sie wird 1431 als Ketzerin verbrannt. Einige Jahre später nimmt die Kirche das Urteil zurück und schließlich wird sie 1920 sogar heilig gesprochen - auch die Inquisition kann sich offenbar mal irren (vgl. Knopf 1985, S. 13/14).

Somit hat sie einige Punkte mit der Johanna von Chicago gemeinsam:

- Beide sind anfangs nur indirekt beteiligt, stürzen sich jedoch mitten ins Geschehen - einmal in blutige Schlachten, einmal in den Kampf gegen das Elend der Arbeiter.
- Beide verfügen über die Gabe der Redekunst und können Menschen für sich einnehmen.
- Beide werden zwischenzeitlich von der Religion bzw. der Kirche, der sie sich eigentlich verpflichtet fühlen, ausgestoßen - einmal die katholische Kirche, einmal die schwarzen Strohhüte.
- Beide gehen durch die Verhältnisse, die sie bekämpfen, zugrunde - einmal der Krieg zwischen Frankreich und England, einmal die Verelendung der Arbeiter.
- Beide erfahren nach ihrem Tod eine extreme Aufwertung - wobei Brecht hier eine ironische Brechung einführt, indem er Johanna für einen Zweck heiligen lässt, den sie noch im Moment ihres Todes verfluchte.

Der eben angesprochene Bruch mit dem "historischen Prototypen" ist nicht der einzige bedeutende Unterschied, aber doch der, an dem sich der besondere Wert der Johanna-Figur für Brecht zeigt: Diese Parodie schreit dem Zuschauer die Niedertracht der Wirtschaftsmagnaten und der mit ihnen im Bunde stehenden Glaubensvertreter geradezu ins Gesicht.

Die Heiligsprechung der Johanna ist außerdem ein zutiefst politischer Akt. Sie ist eine Deutung der Geschichte durch die Mächtigen und zugleich die Manifestierung einer neuen Zukunft. Allerdings macht dieser politische Akt im Stück noch nicht das ganze Stück politisch. Er führt dem Publikum nur vor, wie ökonomisch machtvolle Positionen politische Entscheidungen prägen - insbesonders, wenn sie mit kulturellen Institutionen im Bunde sind.

4.2 Drei Gänge in die Tiefe

Die von Brecht selbst im Stück so betitelten "Gänge in die Tiefe" stellen die wichtigsten Schritte im Erkenntnisprozess der Johanna dar. Ein Erkenntnisweg, den sie allerdings für sich selbst als Theaterfigur unternimmt und nicht, wie Walter A. Behrendson in seiner Schrift von 1970 fälschlich annimmt, um zum "Sprachrohr des Dichters" (Behrendson 1970, S. 52) zu werden. Denn das ist ja gerade eine der Neuheiten an Brechts neuer Form des Theaters, dass der Held keine Vorbildfunktion mehr hat, sondern vielmehr als Lernobjekt studiert werden soll. Deshalb sind Übereinstimmungen zwischen Brechts Ansichten und Johannas Aussagen am Schluss zwar durchaus vorhanden - jedoch gibt es keinerlei Grund dafür, eine Deckungsgleichheit anzunehmen. Johanna wird nicht zum Sprachrohr Brechts, sondern sie entwickelt sich in den Händen von Brecht zu der Figur, die dann sagt, was sie sagen muss. Ähnlich denkt auch Ketelsen, wenn er 1984 schreibt:

"Ideen (wie diejenige über Gott) können in dieser Konzeption keinen Anspruch auf Autonomie, auf Wahrheitsgemäßheit erheben; sie sind Kopfprodukte, historisch-sozial situierte Redeinhalte, die in spezifischen Handlungszusammenhängen produziert worden sind." (Ketelsen 1984, S. 114).

Zurück zu den drei Gängen in die Tiefe. Der erste Gang führt sie zu Mauler, weil sie dort den Verursacher des Elends der Arbeiter wähnt. In ihrer religiösen Prägung setzt sie auf Menschlichkeit und versucht, auf Mauler einzureden, an sein Mitleid zu appellieren. Was sie nicht merkt, ist dass Mauler (während des gesamten Stücks) ihre Bitten in ökonomische Entschlüsse umwandelt, die scheinbar auf ihre Anliegen Bezug nehmen - eigentlich aber sogar das Gegenteil bewirken.

Der zweite Gang führt sie in Begleitung Slifts zu den Arbeitern. Hier lässt sie sich jedoch nicht täuschen[1], sondern kommt zu der autonomen Erkenntnis, dass die Armut an der Schlechtigkeit der Armen schuld sei. Die pure Existenzangst treibt die Arbeiter dazu, jede Moral fahren zu lassen.

---

[1] Überhaupt ist der Makler Slift, ganz im Gegensatz zu Mauler, alles andere als ein Meister der Täuschung. Er kann nicht nur Johanna nicht von der Niedertracht der Armen überzeugen, sondern es glaubt ihm ebenfalls niemand, wenn er später den Fleischfabrikanten erzählt, dass nicht Mauler das gesamte Vieh aufgekauft habe (J 173). Im Gegenteil: Er ist der Strohmann (was Makler in gewisser Weise immer sind) für Mauler. Er ist ein offen raffgieriger Kapitalist und wird von Mauler immer dann vorgeschoben, wenn dieser eine derartige Vorgehensweise wünscht, aber sich selbst die Finger nicht schmutzig machen will, wie etwa beim Verkauf des monopolisierten Viehs.

Der dritte Gang in die Tiefe setzt an, als Johanna auch Mauler durchschaut hat. Sie hat erkannt, dass Maulers Handlungen das Elend der Arbeiter nicht lindern. Sie hört sich den langen Monolog des Fleischfabrikanten an. Es ist ein Loblied auf die Kräfte des Marktes, seine bescheidene Rolle darin und die Notwendigkeit einer Kooperation mit der Religion zur Besänftigung der Verlierer. Deshalb will er auch selbst in Zukunft die schwarzen Strohhüte finanzieren (vgl. J 183-184). Doch sie entgegnet, dass sie diese Zusammenhänge nicht versteht und auch nicht verstehen will. Stattdessen solidarisiert sie sich mit den Arbeitern: "...ich / Gehör zu denen, welchen damit / Noch nicht geholfen ist. Und denen nichts / Geboten wird." (J 184).

In ihrem Nicht-Verstehen und Nicht-Verstehen-Wollen liegt nicht etwa eine Form von blindem Trotz, sondern die tiefe und innerliche Ahnung, dass etwas grundsätzlich falsch und verlogen ist an Maulers Argumenten. Sie begreift zwar nicht vollständig, was dies sein könnte, wehrt sich aber mit ihrer ganzen Existenz gegen eine Instrumentalisierung für Maulers Zwecke: Sie schlägt die Möglichkeit der Rückkehr zu den zukünftig von Mauler finanzierten Strohhüten aus, wählt das Schicksal der Arbeiter. Man darf spekulieren, dass dies zu gleichen Teilen Verzweiflungstat, wie auch der letzte Versuch ist, Maulers Mitleid zu erregen und ihn so zum Handeln zu bringen. Ein Versuch, der nicht vollkommen scheitert (Mauler lässt seine Detektive nach Johanna suchen), aber auch keineswegs den gewollten Effekt zeigt.

Den letzten Glauben an die Menschlichkeit Maulers verliert sie erst durch die endgültige Erfahrung absoluten Elends am eigenen Körper. Ihr Engagement für den Generalstreik scheitert an einem Gewissenskonflikt[2], den die Traumvision von der Revolution zu spät auflöst. Die Arbeiter, denen sie doch helfen möchte, zeigen sich ihr gegenüber alles andere als dankbar. Jetzt spürt sie, was Existenznot und Ohnmacht wirklich bedeuten. Die reale Tragweite der Entscheidungen der Unternehmer wird ihr schmerzhaft bewusst: Sie ist schier unmenschlich, barbarisch.

---

[2] Ein innerer Konflikt, der nicht nur ihr Gewissen, sondern an anderer Stelle (J 161) auch ihre Religionsauffassung betrifft. Religion ist ihr bewährtes Allheilmittel, doch es scheint plötzlich zu versagen. Das aber will sie sich nicht eingestehen und verbiegt in ihrer Haltlosigkeit das Gebot der Nächstenliebe bis zur Unkenntlichkeit. Kuschel und Assmann formulieren das so:
> "...Johanna (...) wechselt von einem puren religiösen Idealismus zu einem ökonomischen Reformismus. Jetzt glaubt sie allen Ernstes, das Neue Testament ganz neu als ökonomische Handlungsanweisung verstehen zu sollen. Wäre der >>Dienst am Nächsten<< nicht als eine Art >>Dienst am Kunden<< zu verstehen? Könnten dadurch nicht Unmoral und Revolution verhindert werden?" (Kuschel/Assmann 2011, S. 170).

Noch deutlicher wird ihre Ohnmacht nur, als ihr quasi "auf dem Sterbebett" noch die Deutungshoheit über ihr eigenes Leben entzogen wird. Und von wem? Von einem machtvollen Bund aus Wirtschaft und Religion.

5. Mauler, König der Raubtiere

5.1 Wie viel Menschlichkeit steckt in Mauler?

Folgt man dem Text in einer naiven Lesart, so kommt man zu dem Schluss, dass Mauler ein zwiegespaltener, ja eigentlich schon eher ein schizophrener Mensch sein muss. Er ist auf der einen Seite ein vollkommen rücksichtsloser Geschäftsmann, der vor keinem Mittel zurückschreckt, um seine Konkurrenten auszuschalten. Auf der anderen Seite zeigt er sich, besonders Johanna gegenüber, immer wieder sehr mitfühlend, gar als zarte Seele.

Bei Walter A. Behrendson gilt er deshalb als "empfindsamer, fast möchte man sagen, gefühlvoller Mensch" (Behrendson 1970, S. 51), der jedoch gleichzeitig ein "Meister der Verstellung" (Behrendson 1970, S. 51) und ein rücksichtsloser Geschäftsmann sei. Bei Jan Knopf wird zudem stark gemacht, dass er auch ein *Opfer* seines Geschäfts sei, unter dem er zu leiden habe (vgl. Knopf 1985, S. 34-35). Bei Klaus-Detlev Müller klingt bereits ein anderer Ton an, er unterstellt Mauler insbesondere zu Beginn des Corner eiskalt berechnende Täuschung:

"Scheinbar auf ihre Anregung kauft er die gesamte Fleischproduktion zweier Monate und dann auch noch das gesamte Vieh der Viehzüchter auf, tatsächlich folgt er aber, wie von Anfang an, den Weisungen der Briefe seiner Freunde aus New York, der Wall-Street" (Müller 2009, S. 106-107).

Müller lässt zwar den Raubtier-Kapitalisten Mauler überwiegen, unterstellt ihm aber nicht die absolute Bosheit:

"Der Sinn für das Höhere, den Johanna in ihm anzusprechen versucht und angesprochen zu haben glaubt, ist ihm nicht a priori fremd. Er bejaht das Menschenbild der herrschenden Ideologie, solange es ihn nicht an der Wahrnehmung seiner Interessen hindert, und er kann es zugleich für seine Zwecke instrumentalisieren. Aber er hat bei seinen menschenverachtenden Handlungen auch, wie die späteren gespaltenen Figuren Brechts, das Bewusstsein oder zumindest die Ahnung einer Verlusterfahrung, die

Selbstentfremdung oder zumindest eine Ahnung von ihr erfahren." (Müller 2009, S. 109).

Diese Deutung scheint letztlich die Treffendste zu sein. Sie macht Mauler nachvollziehbar und besitzt zu jedem Zeitpunkt des Stücks gute Erklärungskraft für seine Handlungen. Ein gleichzeitig empfindsamer und rücksichtsloser, mitleidender und Elend verursachender Mauler macht deutlich weniger Sinn.

5.2 Mauler und der Regen: Wer trägt die Verantwortung?

Die Autoren Kuschel und Assmann widmen ein ganzes Kapitel in ihrer Analyse der *Johanna* dem Thema "Die Befreiung von zwei Illusionen" (Kuschel/Assmann, S. 177). Sie unterstellen Brecht, dass es ihm in dem Stück um Desillusionierung in zweierlei Hinsicht gehe:

1. Die "... Illusion vom schicksalhaften Ablauf des Wirtschaftsgeschehens" (Kuschel/Assmann, S. 178).
2. Die "... Illusion von der Möglichkeit des Einzelnen, den ökonomischen Prozess zu beherrschen oder der ökonomischen Machtfrage durch Individualtugenden (Güte, Mitleid) auszuweichen" (Kuschel/Assmann, S. 179).

In beiden Fällen spielt Mauler eine ganz entscheidende Rolle - zwei Aspekte, die sich auf den ersten Blick sogar gegenseitig auszuschließen scheinen. Denn im ersten Fall ist es vor allen Dingen Mauler, der ja als Individuum sehr starken Einfluss auf das Wirtschaftsgeschehen nimmt. Gleichzeitig aber zeigt sich an ihm auch, dass er diesen Prozess nicht wirklich beherrscht. Immerhin folgt er in der Hauptsache den Weisungen der anonymen Freunde von der Wallstreet. Und er weist selbst nur zu gerne darauf hin, dass er nur ein kleines Rädchen im System sei:

"Denn sieh, wenn ich / Der viel dagegen hat und schlecht schläft, auch / Davon abgehen wollt, das wär, als wenn eine / Mücke davon abläßt, einen Bergrutsch aufzuhalten, Ich würd / Ein Nichts im selben Augenblick und über mich weg ging`s weiter." (J 183).

Doch der Widerspruch zwischen individuellem Einfluss und Ohnmacht gegenüber dem System ist kein logisch problematischer. Er ist stattdessen genau der, der ja das gesamte Wirtschaftshandeln tatsächlich prägt. Denn Mauler hat zwar sehr wohl Einfluss auf das von ihm verursachte Elend der Arbeiter - doch die Macht, diese Arbeiter (oder sonst irgendjemanden) von den gesamten ökonomischen Zwängen, die das kapitalistische System mit sich bringt, zu befreien, die hat er genauso wenig, wie irgendein anderer Unternehmer der realen Welt.

Solange das System existiert und wirkt, müssen alle mitspielen. Und dieses System ist ein ausbeuterisches und den Ausbeuter belohnendes. Irgendwo wird sich also wohl immer ein Mauler (von engl. "to maul" - zerfleischen) finden und er wird in diesem System Erfolg haben.

6. Spuren von Marx

6.1 Corner und marxistisches Krisenmodell

Zwei Ideen haben sich in der Interpretation der Wirtschaftshandlung der *Johanna* etabliert. Das erste Modell war das des marxistischen Krisenmodells, nachgewiesen von Käthe Rülicke-Weiler 1966. Beim zweiten handelt es sich um die Entgegnung Knopfs von 1986, der stattdessen einen Corner nachweist, also ein Börsenmanöver, bei dem eine notwendige Ware im Billigstadium monopolisiert wird, um sie später aus dem Monopol heraus teuer zu verkaufen.

Klaus-Detlev Müller räumt mit dieser Debatte 2009 ein für allemal auf: Es stimmt natürlich beides (vgl. Müller 2009, S. 103-104). Der Corner ist der Grund für die Krise, doch die Krise verläuft nach dem Muster des marxistischen Krisenmodells, besteht also aus einer in eine Überproduktion mündenden Marktsättigung, die schließlich zur Krise führt und erst durch eine weitere Verschärfung der Klassenwidersprüche aufgelöst wird.

6.2 Religion als "Opium des Volkes"

Es muss erstaunen, dass sich noch kein mir bekannter Interpret dazu hat hinreißen lassen, den berühmten religionskritischen Ausspruch von Karl Marx vom "Opium des Volkes" (Marx/Ruge 1844, S. 71) zu zitieren. Immerhin spiegelt dieser Ausspruch die von Brechts Johanna artikulierte Religionskritik perfekt wider. Denn weiter heißt es bei Marx:

> *"Die Aufhebung der Religion als des illusorischen Glücks des Volkes ist die Forderung seines wirklichen Glücks. Die Forderung, die Illusionen über seinen Zustand aufzugeben, ist die Forderung, einen Zustand aufzugeben, der der Illusionen bedarf. Die Kritik der Religion ist also im Keim die Kritik des*

Jammerthales, dessen Heiligenschein die Religion ist." (Marx/Ruge 1844, S.72).

Was Marx der Religion im Allgemeinen vorwirft, wird bei Brecht entschärft, indem er diesen Vorwurf nicht der Religion im Allgemeinen machen lässt, sondern speziell den schwarzen Strohhüten, einer Art Heilsarmee mit spezieller Glaubensauffassung. So wird nicht alles Religiöse zur Zielscheibe, sondern nur eine spezielle Art der Religionsausübung. Diese verkörpert in erster Linie Paulus Snyder, der im Ringen um finanzielle Unterstützung den Fleischfabrikanten folgenden Deal anbietet:

"Wir schwarzen Strohhüte haben gehört, daß auf den Schlachthöfen 50 000 stehen und keine Arbeit haben. Und daß einige schon murren und sagen: wir müssen uns selber helfen. (...) Denn es hat sich herumgesprochen, daß das Unglück nicht entsteht wie der Regen, sondern von etlichen gemacht wird, welche ihren Vorteil davon haben. Wir Schwarzen Strohhüte aber wollen sagen, daß das Unglück wie der Regen kommt, niemand weiß woher, und daß das Leiden ihnen bestimmt ist und ein Lohn dafür winkt." (J 174).

6.3 Kapitalismus als Gewaltherrschaft der Ausbeutung

Gewalt ist ein großes Thema im Stück, insbesondere natürlich für die fromme Johanna, der Gewalt grundsätzlich zuwider ist (vgl. Müller 2009, S. 106-109). Doch gerade sie kommt am Ende zu dem Schluss: "Es hilft nur Gewalt, wo Gewalt herrscht" (J 224). In diesem Satz steckt jedoch mehr, als nur die Akzeptanz von Gewalt als Mittel. Er ist ebenso die Feststellung, dass das herrschende ökonomische System, also der Kapitalismus, keineswegs eine Art Naturgesetz ist, sondern eine mit Gewalt erzwungene Herrschaft.

Das aber muss nun wirklich an Karl Marx erinnern, der ja in *Die sogenannte ursprüngliche Akkumulation* (Marx/Engels 1968) mit dem Mythos einer gewaltfreien Entstehung und Aufrechterhaltung des Kapitalismus aufzuräumen versucht. Es handelt sich dabei zwar nicht um die unumstrittenste Schrift von Marx, doch sehr wohl um eine der bekannteren. Insofern kann man auch hier davon ausgehen, dass Marx Brecht bei der Konzeption der *Johanna* entscheidend inspiriert hat.

7. Ideologie als Fundament und Propaganda

Angenommen, die Johanna wäre ein politisches Stück, was würde sie dann propagieren? Eine kommunistische Revolution? Wohl kaum. Zwar erscheint er im Stück letztlich als einzig gangbarer Weg - aber doch nur für die verzweifelte, mit dem Tode ringende Johanna. Und, wie bereits erwähnt, spricht sie keineswegs für Brecht, sondern eben nur aus ihrer Situation heraus. Und um genau zu sein, redet Johanna auch nicht von Kommunismus, sondern von einer Befreiung von der Gewalt durch Gewalt (vgl. J 224).

Und auch das ist noch nicht die ganze Wahrheit, denn der Satz lautet im Ganzen: "Es hilft nur Gewalt, wo Gewalt herrscht, und / Es helfen nur Menschen, wo Menschen sind." (J 224). Es wäre zu viel des Guten, hier zusätzlich eine Hinkehr zum Menschen hineinzulesen, doch bleibt festzuhalten, dass der Mensch auf sich als Herr seiner Existenz verwiesen wird.

Noch eine Spur gibt es, die sich vermeintlich als Verweis auf den Kommunismus lesen lässt. Mauler warnt in einem langen Monolog davor, die bestehende Wirtschaftsordnung abzuschaffen:

> "Denn sonst müßt alles umgestürzt werden von Grund aus / Und verändert der Bauplan von Grund aus nach ganz anderer / Unerhörter neuer Einschätzung des Menschen, die ihr nicht wollt / Noch wir, denn dies geschähe ohne uns und Gott, der / Abgeschafft würd, weil ganz ohne Amt" (J 184).

Hier kommt in erster Linie die Angst des Großunternehmers vor dem Kommunismus zum Ausdruck. Sie wird als "gottlos" und "unerhört" beschrieben, jedoch hauptsächlich dadurch charakterisiert, dass sie sich der Vorstellungskraft zu entziehen scheint. Passt das zum Kommunismus? Zumindest nicht in seiner historischen Form, denn der war nicht nur vorstellbar, sondern eben real. Wahrscheinlicher ist also die Annahme, dass Brecht dem Kapitalismus einfach eine nicht genauer definierte Alternative gegenüberstellt. Und vergessen wir nicht, dass auch an dieser Stelle nicht Brecht spricht, sondern seine Figur Mauler.

Bereits jetzt ist deutlich zu erkennen, dass das Stück sehr wohl politisch ist. Und das hat Reich-Ranicki ja auch nicht wirklich ausgeschlossen - er hielt ja nur den Menschen Brecht für unpolitisch. Das einzige, was es zu dieser Annahme zu erwähnen gilt, ist der Brief, den Brecht 1949 an Gustaf Gründgens schrieb:

"Sehr geehrter Herr Gründgens! Sie fragten mich 1932 um die Erlaubnis, >Die heilige Johanna der Schlachthöfe< aufführen zu dürfen. Meine Antwort ist ja. Ihr bertolt brecht." (Brecht 1949, zitiert nach: Ketelsen 1984, S. 106)

Diese kleine Anekdote wirft zumindest die Frage auf, ob es sich dabei lediglich um den Wunsch nach einer Uraufführung des Stücks handelte, oder ob es sich nicht doch um ein politisches Statement Brechts handelte, dieses kritische linke Lehrstück ausgerechnet zur Zeit des deutschen Wiederaufbaus nach dem Dritten Reich und dem zweiten Weltkrieg zu spielen.

Denn kritisch ist das Stück auf jeden Fall - und zwar ideologiekritisch. Es kritisiert die Religion in politökonomischen Kontexten (vgl. Müller 2009, S. 104-106) und prangert den Zynismus von Börsenspekulanten an, die vor nichts zurückschrecken, um ihre Profite zu realisieren (vgl. Kuschel/Assmann 2011, S. 180). Beides sind von Ideologien getragene Phänomene, die der Zuschauer zu analysieren und durchschauen hat. Und darum geht es letztlich: Den Zuschauer zum Selbst-Denken anzuregen. Wenn das eine politische Botschaft ist, dann ist das Stück tatsächlich von Grund auf politisch. Eigentlich kennen wir das aber eher als "Aufklärung".

Literatur

Assmann, H.-D. & Kuschel, K.-J. 2011: Börsen, Banken, Spekulanten: Spiegelungen in der Literatur - Konsequenzen für Ethos, Wirtschaft und Recht. München: Random House.

Behrendson, Walter A. 1970: BERTOLT BRECHT, DIE HEILIGE JOHANNA DER SCHLACHTHÖFE: Struktur- und Stilstudie, in: Colloquia Germanica Vol. 4 (1970), S. 46-61.

Brecht, Bertolt 1931: Die heilige Johanna der Schlachthöfe, in: Werke, Große kommentierte Berliner und Frankfurter Ausgabe. Band III. Stücke 3. Frankfurt am Main. S. 127-234.

Hecht, Werner (Hrsg.) 1997: alles was Brecht ist... Fakten - Kommentare - Meinungen - Bilder. Frankfurt am Main: Suhrkamp.

Ketelsen, Uwe-K. 1984: Kunst im Klassenkampf: >>Die heilige Johanna der Schlachthöfe<<, in: Walter Hinderer (Hrsg.): Brechts Dramen. Neue Interpretationen. Stuttgart: Reclam. S. 160-124.

Knopf, Jan 1985: Bertolt Brecht: Die heilige Johanna der Schlachthöfe. Frankfurt am Main: Diesterweg.

Knopf, Jan (Hrsg.) 1986: Brechts >Heilige Johanna der Schlachthöfe<. Frankfurt am Main: 1986.

Marx, Karl und Ruge, A. 1844: Deutsch-französische Jahrbücher. Paris: Bureau der Jahrbücher.

Marx, Karl 1968: Die sogenannte ursprüngliche Akkumulation, in: Marx, K. und Engels, F. 1968: Werke (Band 23). Berlin (DDR): Dietz. S. 741-791.

Müller, Klaus-Detlef 2009: Bertolt Brecht. Epoche - Werk - Wirkung. München: C.H. Beck.

Rülicke-Weiler, Käthe 1966: Die Dramaturgie Brechts : Theater als Mittel der Veränderung. Berlin: Verlag das Europäische Buch.

Online-Quellen

[Folge der Serie "Lauter schwierige Patienten" mit Peter Voß und Marcel Reich-Ranicki] Mierendorffs Kanal für Reich-Ranicki; Veröffentlichung am 26.09.2014: Lauter schwierige Patienten 01 - Reich-Ranicki über Bertolt Brecht (2001). https://www.youtube.com/watch?v=2S9DgTj8CT8, Zugriff am 23.03.2017.

BEI GRIN MACHT SICH IHR WISSEN BEZAHLT

- Wir veröffentlichen Ihre Hausarbeit, Bachelor- und Masterarbeit

- Ihr eigenes eBook und Buch - weltweit in allen wichtigen Shops

- Verdienen Sie an jedem Verkauf

Jetzt bei www.GRIN.com hochladen und kostenlos publizieren